Maurice Bordes

**Agrégé de l'Université
Docteur ès Lettres**

d'Artagnan,

l'histoire et le mythe

Préface

Quand Maurice Bordes rédigea cet article en 1963, il avait sensiblement l'âge de d'Artagnan au moment où il devint lieutenant de la première compagnie des Mousquetaires. Mais son cursus d'historien tourné vers l'Ancien Régime fut d'abord orienté sur la Généralité d'Auch sous d'Étigny et après 1966 s'y ajouta le Comté de Nice sans compter une œuvre foisonnante.

Maurice Bordes naît à Lectoure en 1915. Agrégé d'Histoire en 1943, professeur au Collège de Treignac puis des lycées d'Agen, d'Auch qu'il quitta en 1949. Dès lors, il rejoint le lycée Pierre de Fermat à Toulouse. Il choisit très vite le sujet de sa thèse qu'il soutint en 1956 à la Sorbonne tout en enseignant : « D'Étigny et l'Administration de l'Intendance d'Auch 1751 1757 ». Dans le public, outre son épouse Fernande Bordes Gignan, il y avait François Mauriac. En 1966 il est nommé professeur d'Histoire moderne à la nouvelle université de Nice jusqu'en 1981, date de son départ à la retraite.

De 1954 à 1993, il est Président de la Société archéologique du Gers après Gilbert Brégail et avant Georges Courtès. Il revenait dans le Gers pour la séance mensuelle hors les vacances lectouroises et était en relation permanente avec Raoul Benhamou, son fidèle trésorier et bien sûr l'archiviste Henri Polge, Pierre Féral, vice-présidents et l'équipe d'Auch qui était des amis. Il dirige ou rédige de nombreuses publications consacrées entre autres à l'histoire d'Auch (1980), de Lectoure (1972), de la Gascogne (1983).

En 1978, l'histoire de Nice et du Pays niçois est publiée chez Privat, travail universitaire dont il assuma la direction. Il mit en valeur l'originalité des institutions du Comté et le rôle des confréries de pénitents.

Ses travaux sur les institutions au XVIIIe siècle constituent des références pour les chercheurs. Dans ce domaine, outre sa thèse de 1956, il publie « La réforme de Laverdy et son application 1764 -1771 » puis « L'administration provinciale en France au XVIIIe siècle » et une douzaine d'articles pour les Annales du Midi.

Il fait partie du comité directeur des Annales du Midi, il participe à de nombreux colloques de 1966 à 1980 et dirige des thèses en particulier celles de Michel Derlange et Henri Costamagna. C'est Michel Derlange qui rédige sa nécrologie en 2003 pour les Annales du Midi.

Enfin Maurice Bordes avec Charles Higounet et l'Abbé Loubès est à l'origine des journées internationales de Flaran dans le Gers qui ont malheureusement déserté le site.

Pendant la période toulousaine, il rédige en 1963 un article pour la Société archéologique du Gers « d'Artagnan, le mythe et l'histoire » et une conférence devant l'Académie des Sciences, Inscriptions et belles Lettres le 1er décembre 1963 pour sa séance publique dont le titre est « d'Artagnan héros de Roman et de l'Histoire ».

L'article de 1963 étudié ici s'inscrit dans un cadre historique en lien avec les romans d'aventures largement diffusés par Dumas et bien d'autres qui n'omettent pas de larges renvois à l'Histoire. En 1963 le mythe l'emporte déjà.

La part de l'histoire en 1963

L'œuvre maîtresse est le livre de Charles Samaran : « D'Artagnan, capitaine des mousquetaires du roi ». L'auteur est Directeur des Archives de France. Il y a aussi des articles variés sur le mousquetaire comme en 1962 celui de l'abbé Pandellé : « Quand la télévision s'occupe de d'Artagnan » société archéologique.

Maurice Bordes fait appel à plusieurs sources ; l'Armorial du Béarn p 110 pour les Montesquiou, la Gazette de France 1660 p 785 pour l'entrée du roi à Paris, les lettres de Madame de Sévigné à propos de Fouquet.

Maurice Bordes conclut que la carrière réelle de d'Artagnan ne manque pas de panache. Mais le célèbre mousquetaire doit sa renommée à deux auteurs qui ont embelli et enjolivé la réalité : Courtils de Sandras et Alexandre Dumas

Le mythe

Maurice Bordes s'intéresse d'abord à Gatien Courtils de Sandras contemporain de d'Artagnan qui publia « les pseudo Mémoires de Monsieur d'Artagnan » en 1701. Il connaît bien des traits de la vie de d'Artagnan mais il brode, il enjolive. Il eut un succès immédiat pour un public friand d'anecdotes croustillantes. Mais l'oubli s'installa au XVIIe siècle sur ces récits vrais ou faux de cape et d'épée.

Alexandre Dumas releva le gant au XIXe siècle. Il s'inscrit dans le contexte romantique du début du siècle. Et donnera à d'Artagnan la véritable figure de héros parvenue jusqu'à nos jours dans la trilogie, « les trois mousquetaires » 1844, « 20 ans après », 1845, « le Vicomte de Bragelonne » 1850.

Maurice Bordes en fait la critique face à la chronologie, aux multiples aventures narrées mais aussi en le comparant à Courtils de Sandras. Dumas n'a pas puisé dans Courtils de Sandras mais dans des documents d'Histoire en particulier le « Précis de l'Histoire de France » de Michelet.

La fiction de l'œuvre de Dumas avec des sources valables ne doit pas faire oublier que c'est à lui que d'Artagnan doit d'incarner le type du Gascon plein de panache, de fougue et très sympathique.

D'autres auteurs publieront sur d'Artagnan en particulier Ludovic Prébois « d'Artagnan et la véritable chronique des trois mousquetaires » en 1962, une pure fiction très sentimentale de même que Roger Nimier qui tout en s'écartant encore plus du réel fait un récit pétillant plein de charme en 1962

C'est dans ce contexte que Maurice Bordes publie cet article en 1963 : « Notre héros face à l'histoire ».

L'Histoire revient avec Odile Bordaz.

En 2001, Odile Bordaz, historienne, docteur en histoire de l'Art, conservateur du patrimoine, ancienne responsable des musées du Gers, de la Basilique Saint Denis, du château de Vincennes et des Archives nationales, publie une biographie du célèbre mousquetaire.

« D'Artagnan, capitaine lieutenant des grands mousquetaires du roy » offre une recherche approfondie, des sources jamais exploitées en France et à l'étranger. Suivront « d'Artagnan et les Mousquetaires du roi » en 2018 et, en 2021, « sur les pas de d'Artagnan et des Mousquetaires », entre autres.

Autant Maurice Bordes en 2003, qui le supposait, autant Odile Bordaz, dans sa recherche européenne, en viennent à conclure que la vie réelle de d'Artagnan a une dimension romanesque d'autant plus que Maastricht garde encore le secret de son inhumation en 1673.

Geneviève Courtès Bordes

Lectoure, 20 juillet 2023

Maurice Bordes

d'Artagnan

l'histoire et le mythe

D'Artagnan, ces trois syllabes frappent l'oreille, évoquent de multiples images pleines d'aventures romanesques, de beaux coups d'épée et de succès amoureux. D'Artagnan symbolise à la fois le Gascon et le héros du roman d'aventures dans l'esprit du XVIIe siècle. L'effigie du mousquetaire se profile sur des bouteilles d'armagnac. des enseignes de restaurant, le blason d'une compagnie de gais lurons et vient au secours de la publicité cinématographique. Il ne s'agit pas seulement d'ailleurs d'une célébrité populaire. La librairie Garnier a entrepris, dans le cadre de sa collection classique, la réédition de la fameuse trilogie d'Alexandre Dumas et demandé au plus célèbre des Gascons actuellement vivants, M. Charles

Samaran, membre de l'Institut et Directeur honoraire des Archives de France de les présenter au public ; *Les Trois Mousquetaires* ont paru en 1956, *Vingt ans après* en 1962 ; on annonce *Le Vicomte de Bragelonne*. On ne saurait trop louer ces publications où de bonnes introductions, des bibliographies exhaustives, des notes pertinentes permettent de faire la part des choses, de distinguer le vrai du faux. Nous pensons répondre à la curiosité de beaucoup en précisant les principaux points de la biographie d'Artagnan et en indiquant les directions essentielles du mythe qui ne cesse de se développer en s'enrichissant de nouveaux épisodes. D'Artagnan est né au château de Castelmore, dans l'actuelle commune de Lupiac (1). Mais, au XVII siècle, celui-ci se trouvait sur le « parsan » de l'église de Baubeste et faisait ainsi partie de la paroisse et de la communauté de Meymés.

(1) : Gers, arrondissement de Mirande, canton d'Aignan.

Ce fut seulement en 1791 que Meymés, maintenue comme commune dans la nouvelle organisation administrative, perdit ses trois annexes, dont Baubeste et le château de Castelmore, au profit de la commune de Lupiac.

Meymés ne tardait pas, d'autre part, à être rattachée à la commune de Margouët (en 1793) et la nouvelle unité prit le nom de Margouët-Meymés (3) en 1826. Ajoutons qu'au point de vue religieux, le château de Castelmore fait encore partie de la paroisse de Meymes, plus communément appelée Le Parré, du nom du hameau où se situe la nouvelle église, l'ancienne avant été démolie vers 1790 (3).

(2) : Gers, arrondissement de Mirande, canton d'Aignan. B.S.A.G. LXVIII année, 1962, pp. 410-411.

(3) : M. B. et J. PANDELLE, Quand la Télé s'occupe de d'Artagnan, dans Ch. SAMARAN, d'Artagnan capitaine des mousquetaires du roi, Paris. Calmann-Lévy, 1912, 1 vol., in-12, p. 34. Précisons sans plus attendre que la plupart des traits relatifs à la biographie d'Artagnan sont empruntés à ce maître livre.

Il existe donc une difficulté au sujet du lieu de naissance d'Artagnan, mais le problème soulevé par la date de naissance est beaucoup plus délicat.

Les registres paroissiaux de Meymés, antérieurs à 1662, sont perdus et nous devons nous en remettre aux calculs de M. Samaran qui, en utilisant tous les documents en notre possession, a situé la date de naissance d'Artagnan entre 1610 et 1620 (4). Le nom même, d'Artagnan, appelle quelques réserves. Il s'appelait, en réalité, Charles de Batz-Castelmore et nous connaissons plusieurs de ses ascendants : son grand-oncle, Arnaud de Batz, marchand à Lupiac qui en 1565, déclarait ne pas être noble ; son oncle Bertrand II de Batz, seigneur de Castelmore et de La Plane qui servit sous les ordres de Montluc et, se trouvant sans enfant, institua pour héritier par un testament de 1605, son neveu Bertrand II de Batz. Celui-ci épousa, le 27 février 1608, une demoiselle de bonne noblesse, riche de 5 000 livres de dot : Françoise de

Montesquiou, fille du seigneur d'Artagnan en Bigorre. Charles de Batz-Castelmore fut l'un des sept ou huit enfants, issus de ce mariage ; il servait aux gardes françaises quand il commença à prendre un nom emprunté à sa famille maternelle. Il est vrai que l'alliance avec les Montesquiou d'Artagnan était glorieuse pour les Batz-Castelmore et que son oncle, Henri de Montesquiou, avait déjà servi aux gardes françaises et y avait été connu sous le nom d'Artagnan ; celui-ci détint, par la suite, et pendant plus de trente ans, la charge de lieutenant du roi à Bayonne et ses fonctions l'appelèrent à surveiller les travaux effectués dans l'île des Faisans en vue des négociations franco-espagnoles qui aboutirent au traité des Pyrénées (5).

(5) : J. DUFAU DE MALUQUER, Armorial de Béarn, II, p. 110. Ajoutons que tous les Montesquiou ont droit au nom d'Artagnan. En dehors d'Henri, deux autres le portèrent, au moins un certain temps, au cours de la deuxième moitié du XVIIe siècle : Joseph de Montesquiou, fils d'Arnaud, frère de Françoise de Montesquiou, et donc cousin germain de notre héros ; Pierre de Montesquiou, page de Mazarin en 1659, lieutenant aux gardes françaises en 1670, brigadier en 1688, lieutenant général en 1697, maréchal de France en 1712, décédé en 1725.

Nous ne savons pratiquement rien sur la jeunesse et l'adolescence de notre héros. Disons seulement que le château de Castelmore était modeste, que l'on y menait une vie simple et que les habitants des petits manoirs gascons de l'époque ne vivaient pas retirés, coupés des populations paysannes voisines ; si la chasse les occupait souvent du matin au soir, « ils ne dédaignaient pas de prendre part aux fêtes bruyantes, mangeant ferme et lutinant les filles » (6).

Comme tant de jeunes gentilshommes de l'époque, plus riches de bonne humeur que de pistoles, Charles de Batz-Castelmore partit de bonne heure pour Paris pour essayer de faire carrière dans l'armée : trois de ses frères l'avaient d'ailleurs devancé dans la capitale. Alors que le récit des Trois Mousquetaires évolue entre 1625 et 1628, d'Artagnan n'arriva à Paris qu'aux environs de 1640 ; il entra comme cadet au régiment des gardes françaises, dans la

(6) : Ch. SAMARAN, op. Cit., p. 52.

compagnie du capitaine des Essarts, beau-frère du béarnais Tréville (7) qui commandait, à cette date, la compagnie des Mousquetaires du Roi. Précisons que les cadets étaient des volontaires qui ne recevaient pas de solde et ne figuraient pas sur les rôles ; ils servaient pour apprendre le métier de la guerre et se préparer à la carrière d'officier. Créé pendant la minorité de Charles IX, le régiment des gardes françaises comptait beaucoup de cadets de Gascogne ; huit compagnies sur dix étaient commandées par des capitaines gascons et son mestre de camp, le béarnais Antoine de Gramont allait recevoir le bâton de Maréchal de France.

De 1640 à 1642, la plupart des compagnies des gardes françaises participèrent aux sièges d'Arras, Aire, Bapaume, Collioure et Perpignan et il est vraisemblable que d'Artagnan s'y trouvait.

(7) : J. DE JAURGAIN, Troisvilles, d'Artagnan et les Trois Mousquetaires, et biographiques et héraldiques, Paris, Champion, 1910, 1 vol., in-8°

Elles étaient. en revanche, à Paris, l'année suivante, au moment de la grande victoire de Rocroi à cause de la maladie, bientôt suivie de la mort de Louis XIII, le 14 mai 1643.

D'Artagnan a sans doute quitté les gardes françaises à la fin de 1644 pour les mousquetaires et cette mutation précéda de peu un événement décisif dans la vie de notre héros : l'entrée au service de Mazarin en même temps qu'un autre gascon à la bourse plate, François de Monlezun, sieur de Besmaux, qui devait finir gouverneur de la Bastille. Les deux compatriotes portèrent beaucoup d'ordres, assumèrent beaucoup de missions et des documents authentiques permettent d'en préciser telle ou telle. On lit dans la Gazette de France du 30 juin 1646 : « Le 28, le sieur d'Artagnan, l'un des gentilshommes de Son Éminence, arriva ici de notre armée de Flandre et rapporta que la place de Courtrai est tellement pressée qu'il y a espérance que Son Altesse Royale (le duc d'Orléans) l'emportera dans quatre ou cinq jours et que les ennemis avaient passé la rivière du Lis, etc. ». Les Archives du Ministère des Affaires Étrangères conservent, d'autre part, l'original des instructions données à d'Artagnan le 9 juin 1648, pour l'exécution d'une mission auprès du marquis d'Hocquincourt, gouverneur de Péronne : « Mémoire à M. d'Artagnan s'en allant à Péronne » (8). D'Artagnan n'a pas été inactif pendant la Fronde.

Cavalier infatigable il n'a cessé de faire la navette entre le cabinet du cardinal et les chefs d'armée. Après la bataille de Rethel (15 décembre 1650), Mazarin le chargeait d'aller complimenter le chef de l'armée royale, le maréchal du Plessis qui avait battu l'armée rebelle de Turenne. Dès le lendemain, d'Artagnan revenait de sa course et apportait au secrétaire d'État Le Tellier une liste de morts et de blessés.

(8) : Aff. Etr., Corr. pol. Pays Bas, vol. 30, f° 99.

Quand Mazarin fut obligé de quitter le royaume en mars 1651, d'Artagnan lui servit d'émissaire auprès de l'électeur de Cologne, de Colbert et du surintendant Fouquet. À peine rentré de son premier exil, le 22 décembre 1651, Mazarin songeait à utiliser d'Artagnan pour des démarches auprès du duc d'Orléans. Fin janvier 1652, le Parlement rendit des arrêts contre Mazarin et celui-ci d'écrire à Basile Fouquet, le frère du surintendant : « Je vous prie de dire à d'Artagnan qu'il me revienne trouver et qu'il prenne ses précautions afin qu'il ne lui arrive pas quelque malheur » (9).

Deux mois plus tard, d'Artagnan apportait à Bussy-Rabutin, alors gouverneur du Dauphiné, une lettre du roi, des missives du cardinal et des secrétaires d'État Le Tellier et La Vrillière. ainsi que des instructions verbales.

(9) : Correspondance de Mazarin, édit. Chéruel, V. p. 7, Mazarin à l'abbé Fouquet, Pont-sur-Yonne, 11 janvier 1652.

Mazarin n'était pas prompt à récompenser ses fidèles serviteurs ; ce fut seulement à la fin de 1651 qu'il se préoccupa de donner à d'Artagnan une lieutenance aux gardes françaises. Quelques années plus tard, à la fin de 1655 ou au début de 1656, notre héros devint capitaine d'une compagnie du même régiment. Tout en continuant d'exécuter des missions auprès des généraux commandant sur la frontière du Nord, face aux armées espagnoles des Pays Bas, il participa à diverses opérations de la fin de la guerre franco-espagnole ; blessé au siège de Stenay en 1654, il prit part à ceux de Landrecies et de Condé en 1655, à celui de Valenciennes en 1656. Les gardes françaises assiégeaient Dunkerque au mois de mai 1659, quand d'Artagnan passa aux mousquetaires en qualité de sous-lieutenant.

La compagnie des mousquetaires, la deuxième ne fut créée que deux ans plus tard, en 1660, était une troupe d'élite composée en majeure partie de jeunes gentilshommes et la meilleure école pour se préparer au métier de soldat et à la vie de cour. Dissoute par Mazarin, très mal disposé à l'égard de son capitaine Tréville, elle avait été rétablie en janvier 1657 et confiée au neveu du cardinal, Philippe Mancini, duc de Nevers, Le commandement effectif était exercé par le sous-lieutenant des mousquetaires, Isaac de Bas. Celui-ci résigna sa charge pendant le siège de Dunkerque pour raison de santé et d'Artagnan fut appelé à le remplacer, sans doute le 26 mai 1658. À la même époque, son camarade de jeunesse, François de Monlezun, devenait gouverneur de la Bastille.

Les mousquetaires participèrent à la bataille des Dunes et la paix des Pyrénées les ramena à Paris.

Le duc de Nevers continuant à ne pas s'occuper des mousquetaires, d'Artagnan en fut le véritable chef et se trouva en rapports constants avec le roi, le surintendant Fouquet, les secrétaires d'État Le Tellier et Lionne. Il interrompit une agréable vie parisienne partagée entre ses obligations militaires et les devoirs de société, pour accompagner Louis XIV à Saint-Jean-de-Luz pour la célébration de son mariage avec l'infante Marie-Thérèse. Le brillant cortège fit étape à Vic-Fezensac (10) au soir du 25 avril 1660 et passa, le lendemain, à une lieue du château de Castelmore tout en excitant partout curiosité et admiration. On dut se montrer le commandant des mousquetaires caracolant à la tête de sa compagnie et, deux mois plus tard, les mousquetaires et d'Artagnan faisaient encore grande figure lors de l'entrée solennelle du roi et de la reine à Paris (11).

La situation que notre héros occupait maintenant à la Cour lui faisait un

---

(10) : Gers, arrondissement d'Auch, chef-lieu de canton.

(11) : *La magnifique et superbe entrée du roi et de la reyne en la ville de Paris,* dans la Gazette de France, 1660, partie II, pp. 785-817.

devoir de se marier et de mettre un terme, au moins temporaire, à des aventures sur lesquelles les romanciers ont été fort prolixes mais qui n'ont laissé aucune trace dans les archives judiciaires et policières consultées par M. Samaran (12).

Ce fut dans les salons du Marais que d'Artagnan fit la connaissance de celle qui allait devenir sa femme, une riche veuve de fort bonne famille, Charlotte de Chanlecy qui possédait la terre et baronnie de Sainte-Croix près de Louhans, au bailliage de Chalon-sur-Saône. Pour d'Artagnan, c'était un brillant mariage et le contrat du 5 mars 1659 porte les signatures de Louis XIV, de Mazarin, du duc de Gramont maréchal de France, de François de Besmaux gouverneur du château de la Bastille.

Malgré la naissance de deux enfants, cette union ne fut pas longtemps heureuse ; d'Artagnan n'était sans

(12) : Ch. SAMARAN, op. cit., pp. 144-145.

doute pas un modèle de fidélité conjugale, Charlotte de Chanlecy n'acceptait pas d'être bafouée ; elle finit par se retirer dans un couvent et, après avoir essayé de la faire revenir, son mari l'y laissa « puisqu'elle s'y plaisait si fort » (13). Cette rupture fut consacrée par un acte public ; le 16 avril 1665, Charlotte de Chanlecy renonça à la communauté de biens existant avec son époux (14). Elle survécut de dix ans à d'Artagnan et mourut à Chalon-sur-Saône le 31 décembre 1683.

Les démêlés conjugaux du capitaine des mousquetaires ne l'empêchèrent pas de jouer un rôle important au cours des dernières années de sa vie qui correspondent aux premières du règne personnel de Louis XIV.

Ce fut à d'Artagnan que le roi confia, au début du mois de septembre 1661, l'arrestation du célèbre surintendant

(13) : COURTILS DE SANDRAS, Mémoires de M. d'Artagnan, III, p. 416.
(14) : Archives Nationales, Y 17 978.

Fouquet ; le futur prisonnier était si puissant que le mousquetaire fut sur le point de défaillir en entrant dans la chambre du secrétaire d'État Le Tellier, après avoir reçu les ordres de la bouche même du roi. Le ministre dut lui donner une rasade de vin - nous ne savons pas s'il était de Gascogne - pour le réconforter. Dès le lendemain, 5 septembre 1661, d'Artagnan procédait à l'arrestation vers 7 h 15 du matin, à l'issue du Conseil d'en Haut et, pendant de longs mois - à Angers, à Vincennes, à la Bastille même - il lui servit de geôlier.

Ce fut encore d'Artagnan qui, de décembre 1664 à janvier 1665, conduisit le célèbre prisonnier au château de Pignerol dans le Piémont, où il devait mourir quinze ans plus tard. Pendant plus de trois ans, la garde de Fouquet avait valu à notre héros une correspondance suivie avec le roi, Le Tellier et Colbert.

D'Artagnan exécuta scrupuleusement les ordres rigoureux qui lui furent donnés, mais il sut y joindre une élégance, une humanité, un point d'honneur qui ont fait beaucoup pour la réputation de notre héros. (15)

La garde de Fouquet n'empêcha pas d'Artagnan de garder le commandement effectif de sa compagnie de mousquetaires, la première, depuis qu'on en avait créé une seconde en 1660, et les services rendus appelaient des récompenses. Le 8 janvier 1665, il était fait lieutenant de la première compagnie de mousquetaires qu'il commandait déjà, en réalité, avec le grade de sous-lieutenant ; au début de 1667, Mancini, duc de Nevers, se démettait de sa charge et d'Artagnan lui succédait comme capitaine lieutenant de cette même compagnie ; c'était l'une des charges les plus enviées de la Cour. S'il fit la campagne de Flandre comme brigadier de cavalerie de mai à septembre 1667, d'Artagnan paraît n'avoir guère quitté

(15) : Lettres de Madame de Sévigné, I, p. 480, p. 482, etc.

Paris au cours de ces années ; on lui donnait maintenant du M. le Comte et il prenait sa part des plaisirs et des devoirs de société. En 1671, une autre mission extraordinaire s'apparentant à celle dont il avait été chargé pour Nicolas Fouquet vint interrompre cette vie facile.

Il s'agissait cette fois d'Antoine de Nompar de Caumont, comte de Lauzun, un « petit homme blondasse » à la « figure de chat écorché » qui avait réussi à faire la conquête de Mademoiselle de Montpensier, la Grande Mademoiselle et faillit ainsi devenir le cousin de Louis XIV. « La grande, l'extraordinaire nouvelle » ne se réalisa pas ; Lauzun, qui avait beaucoup espéré, fit une pénible chute et d'Artagnan reçut la délicate mission d'exécuter pour lui, comme il l'avait fait pour Fouquet, les ordres sévères du roi (16).

Ce fut une nouvelle fois le voyage de Pignerol et d'Artagnan sut se tirer de

(16) : Ch. SAMARAN, op. Cit., p. 223.

l'affaire à la satisfaction de tous, du roi, de Lauzun, de la Grande Mademoiselle. Le second voyage de Pignerol précéda de peu une nouvelle participation d'Artagnan aux opérations de guerre et sa mort.

En 1672, au début de la campagne de Hollande, le maréchal d'Humières, gouverneur de Lille, fut appelé à l'armée qui s'assemblait sous Sedan sous les ordres du prince de Condé et d'Artagnan fut chargé de le remplacer d'avril à novembre 1672.

Avouons que notre Gascon ne fit pas merveille à Lille où il soutint maintes querelles de préséances notamment avec le commandant de la citadelle et un ingénieur des fortifications.

Louvois le jugeait peu commode, les Lislois ne le regrettèrent pas et la maréchale d'Humières trouvait « qu'il y avait peu d'intelligence cette année dans le gouvernement de Lille » (17).

(17) : Ch. SAMARAN, op. Cit., p. 253.

Après avoir retrouvé pendant quelques mois les plaisirs de la Cour et les agréments de sa charge, d'Artagnan quittait à nouveau Saint Germain au mois de mai 1673, les mousquetaires faisant partie de l'armée des Pays Bas que commandait le roi. Le 10 juin, l'armée investit Maastricht, ville principale du Brabant hollandais ; dans la soirée du samedi 24 juin, jour de la Saint Jean, une colonne d'assaut commandée par le duc de Monmouth, fils naturel du roi d'Angleterre, s'emparait du chemin couvert et d'une demi-lune protégeant la porte de Tongres. Mais, dans la matinée du dimanche 25 juin, une contre-attaque, dirigée par le gouverneur de Maastricht en personne, permettait aux Hollandais de se réinstaller sur les ouvrages disputés.

Le duc de Monmouth, qui commandait ce secteur, fit demander un détachement à d'Artagnan : celui-ci vint en personne, bien qu'il ne fût pas

« de jour » et une nouvelle attaque franco-anglaise permit l'occupation définitive de la demi-lune. Mais, quand les mousquetaires revinrent, il en manquait 30 et on comptait 50 blessés graves ; d'Artagnan était du nombre des absents ainsi que quatre mousquetaires qui avaient voulu le relever. La mort d'Artagnan fut vivement ressentie dans l'armée française qui perdait en lui un officier supérieur brave et expérimenté ; selon la Gazette de France « Sa Majesté témoigna en être sensiblement touchée pour sa valeur et la confiance qu'elle avait en lui » (18).

Concluons sur cette carrière réelle de Charles de Batz-Castelmore dit d'Artagnan en reconnaissant qu'elle ne manque pas de panache.

Le célèbre mousquetaire doit pourtant l'essentiel de sa renommée à deux auteurs qui ont embelli et enjolivé la réalité : Courtils de Sandras et Alexandre Dumas.

(18) : Ch. SAMARAN, Le siège de Maëstricht et la mort de d'Artagnan (25 juin 1673), dans B.S.A.G, LXIIIe année, 1962, pp. 5-14.

Le premier, Gatien Courtils de Sandras, fut sans doute l'un des écrivains les plus féconds et l'un des pamphlétaires les plus redoutés de la deuxième moitié du XVIe siècle (19). Il attaqua Louis XIV dans une série de volumes où les amours du Grand roi tenaient une grande place : *Les Conquestes amoureuses du grand Alcandre dans les Pays Bas* (Cologne, 1684) ; *Les dames dans leur naturel ou la galanterie sans façon sous le règne du grand Alcandre* (Cologne, 1686), etc.

Mais Courtils de Sandras ne se borna pas à des pamphlets de cet ordre ; il affecta aussi de se faire l'éditeur des mémoires de divers personnages en racontant sur ceux-ci et les affaires auxquelles ils avaient été plus ou moins mêlés tout ce qu'il savait et même ce qu'il ne savait pas : *Mémoires de M.L.C.D.R.* (le comte de Rochefort), Cologne, 1687 ; *Mémoires de Jean-Baptiste de La Fontaine* (id. 1701).

(19) : Sur Gatien Courtils de Sandras et les pseudo Mémoires, voir SAMARAN, op. cit., pp. 3-18.

C'est à cette série qu'appartiennent les pseudo Mémoires de M. d'Artagnan (Cologne, Pierre Marteau, 1700-1701). Le prétendu éditeur Pierre Marteau n'a d'ailleurs jamais existé et ce nom fictif fut souvent utilisé par des imprimeurs hollandais, belges et français pour leurs ouvrages clandestins. Le livre est long, diffus, encombré de digressions, mais il plut à un nombreux public, heureux de percer des secrets plus ou moins authentiques de la cour du Grand roi. Mensonges et ignorances ne manquent pas chez notre auteur mais les renseignements de valeur n'y font pas défaut ; c'était l'opinion de Saint-Simon, l'auteur des *Mémoires*, c'était aussi celle d'Arthur de Boislisle, le grand érudit de la fin du XIXe siècle : « Moyennant quelques précautions l'historien a le droit de se servir de ces publications, si apocryphes qu'elles soient ». De son côté, M. Samaran constate l'exactitude du cadre d'événements historiques dans lequel se meut le récit : les campagnes que

Courtils attribue à d'Artagnan comme garde française et mousquetaire sont bien celles qui figurent dans les historiques de ces corps de troupes ; il possède des renseignements sur les relations d'Artagnan et de Mazarin, le voyage de la Cour à Saint-Jean-de-Luz pour le mariage de Louis XIV, la garde de Fouquet, le gouvernement de Lille, les difficultés qu'il eut avec sa femme et la séparation qui s'ensuivit.

Mais, beaucoup de détails, beaucoup d'enjolivures du récit de Courtils doivent être abandonnés : la rencontre de Porthos le mousquetaire, dans l'antichambre de Tréville ; le duel au Pré aux Clercs du côté de l'île des Cygnes ; les premières fredaines avec l'aimable hôtesse. Le passage d'Artagnan en Angleterre, vers cette époque, comme gentilhomme du comte d'Harcourt est également fort sujet à caution ; les amours avec Milady et la médecine d'Aramis demeurent aussi hypothétiques. On ne sait rien de sûr non plus sur une tentative d'assassinat dont d'Artagnan et d'autres gardes auraient été victimes à la Foire Saint Germain. Courtils prétend qu'au siège de Bourbourg, pendant la campagne de Flandre de 1645, d'Artagnan aurait reçu trois coups de feu dans ses habits et un dans son chapeau et que plusieurs de ses camarades auraient été blessés mortellement à ses côtés ; il aurait alors prononcé la phrase : « Quand Dieu garde quelqu'un, il est bien gardé ». Mais, comme la phrase se trouve dans les Mémoires de Bussy-Rabutin, Courtils est capable d'avoir imaginé l'affaire de Bourbourg pour se donner l'occasion de la placer.

Si le second voyage d'Angleterre que d'Artagnan aurait fait en 1647 et 1648, ses aventures avec la maîtresse de l'ambassadeur de France et son passage à la Bastille ne méritent aucune considération, nous pouvons suspecter à bon droit l'épisode romanesque de l'été de 1648 auquel Courtils mêle d'Artagnan. Il s'agit de l'enlèvement d'une belle et jeune veuve de 19 ans, Mme de Miramion (20) que Bussy-Rabutin, le malicieux cousin de Mme de Sévigné, amena de force au château de Launay, non loin de Sens, chez le commandeur Guy de Rabutin, son parent.

Courtils prétend que d'Artagnan avait failli épouser Mme de Miramion et qu'il la tira des mains de Bussy. Or, de nombreux auteurs contemporains ont parlé de l'enlèvement de Mme de Miramion et aucun ne souffle mot de la prétendue intervention de d'Artagnan ; Courtils l'a imaginée à cause du caractère pittoresque de l'affaire et parce qu'il n'était pas fâché de présenter Bussy-Rabutin en fâcheuse posture.

L'hôtel du Gaillard-Bois, rue des Fossoyeurs, l'auberge. de l'hôtesse

(20) : Marie Bonneau, fille de Jacques Bonneau, seigneur de Rubelle, née le 2 novembre 1629 ; elle avait épousé en 1645 Jean-Jacques de Beauharnais, seigneur de Miramion, qui mourut six mois après, alors qu'elle était enceinte d'une fille. Si Bussy-Rabutin était déjà connu par ses fredaines, Madame de Miramion devait, par la suite, faire preuve d'une piété de plus en plus ardente.

amoureuse, et l'hôtel que d'Artagnan aurait habité au voisinage du Palais Cardinal appartiennent également au domaine de la légende. Ce n'est pas d'Artagnan, d'autre part, mais un personnage portant un nom voisin, Jean-Charles ou Isaac de Baas qui fut mêlé aux négociations. avec le gouvernement insurrectionnel de Bordeaux, l'Ormée... et encore ce de Baas agissait-il au nom des princes et pas pour le compte de Mazarin.

Le succès des pseudo Mémoires de M. d'Artagnan ne s'éteignit pas avec le XVIIe siècle. (21), Victor Hugo les goûtait particulièrement et Alexandre Dumas y découvrit toute une époque.

C'est à Courtils qu'il a emprunté l'essentiel de la célèbre trilogie : *Les Trois Mousquetaires, Vingt ans après, Le Vicomte de Bragelonne.*

(21) : Les pseudo Mémoires de Courtils de Sandras ont été directement utilisés dans deux médiocres publications du XIXe siècle consacrées à d'Artagnan Eugène d'AURIAC, d'Artagnan capitaine-lieutenant des mousquetaires, Paris, 1847, 2 vol. in-8°, réédition en 1888. - X..., Les amours de d'Artagnan, Paris, Librairie Illustrée, 1896, 3 vol. in-12°.

Plus que Courtils, Dumas a laissé libre cours à son imagination et, à meilleur titre que les pseudo Mémoires, son œuvre tient beaucoup plus du roman que de l'histoire. Il a sans doute raconté assez exactement des épisodes tout à fait réels, brossé avec vérité le portrait de personnages bien connus, adroitement utilisé de bonnes sources contemporaines comme les Mémoires du jeune Brienne ; son œuvre n'en est pas moins un roman.

Notons quelques points particulièrement importants : le récit des *Trois Mousquetaires* concerne la période 1625-1628 alors que d'Artagnan n'est arrivé à Paris qu'aux environs de 1640 ; le beau Buckingham, les amours d'Anne d'Autriche, l'affaire Saint-Gervais au siège de La Rochelle ne rentrent pas dans l'histoire vraie d'Artagnan. Dumas a également pris beaucoup de libertés avec le récit de Courtils ; le bourg de Meung près d'Orléans remplace celui de Saint-Dyé près de Blois ; l'adversaire de la première altercation ne s'appelle plus M. de Rosmai mais M. de Rochefort ; Porthos devient, à la place de Besmaux, le héros et la victime de l'histoire du baudrier : on a quelque peine à retrouver dans la jolie Madame Bonacieux l'hôtesse parisienne d'Artagnan ; personnage tout à fait épisodique dans l'œuvre de Courtils, Milady acquiert chez Dumas une importance singulière (22).

Que de libertés aussi dans *Vingt ans après* : le rôle extraordinaire d'Artagnan à la Journée des barricades, l'expédition des quatre mousquetaires pour essayer de sauver le malheureux roi Charles Ier d'Angleterre, l'enlèvement de Mazarin que les quatre mousquetaires auraient enfermé dans le château de Porthos à Pierrefonds et détenu comme otage.

N'oublions pas les personnages entièrement imaginaires que le lecteur y retrouve : le comte de Rochefort, lord Francis de Winter, le bourreau de Béthune ; d'autres qui apparaissent

---

(22) : Ch. SAMARAN, Op. cit., pp. 19-21, 83-85, etc.

pour la première fois, notamment Mordaunt, fils de Milady, qui trouva une fin spectaculaire en pleine mer. Ajoutons les erreurs chronologiques, les impropriétés de termes et les anachronismes ; il n'y avait pas de duc d'Harcourt en 1648 ; le chef de la famille des Condé était prince et non duc ; la jeune Louise de La Vallière pour laquelle le vicomte de Bragelonne était censé brûler d'amour n'avait que quatre ans à l'époque ; Scarron ne recevait pas à cette date rue des Tournelles où il ne s'est fixé que plus tard.

Des confusions et des erreurs plus graves frappent davantage encore le lecteur averti des choses du XVIIe siècle : une soi-disant expédition française en Franche-Comté en 1643, alors qu'il faut attendre 1668 pour en trouver une ; l'attribution comme fille au roi Charles Ier Stuart d'une Charlotte qui n'a jamais existé ; les prétendus numéros des maisons de la capitale alors que celles-ci n'en ont porté que beaucoup plus tard ; les corridors du Palais Cardinal où pourtant, selon les habitudes de l'époque, les pièces se commandaient les unes les autres ; les tilleuls de la Place Royale qui ne s'y trouvaient pas à cette époque, etc..

Nous retrouvons des faiblesses analogues dans le cadre géographique anglais où évoluent troupes royales, forces insurgées et mousquetaires eux-mêmes. On y voit des noms de lieux déformés comme Inverlashy pour Inverlocky, Auldone pour Auldearn, Newart au lieu de Newark, etc. Il est question du navire Standard se dirigeant de Boulogne vers Durham, comme pour y aborder, alors que la ville se trouve à l'intérieur des terres, etc. (23).

Terminons à propos des libertés prises par Dumas en notant que le personnage central du troisième volet du triptyque, le Vicomte de Bragelonne, fils du comte

(23) : A. DUMAS, Vingt ans après, collection Garnier, Paris, 1962, 1 vol., in-8°, Introduction par Ch. SAMARAN, pp. XXVII.

de la Fère et de la duchesse de Chevreuse, n'a aucune réalité historique.

Le mythe n'a pas été définitivement fixé par Dumas. Le panache, les coups d'épée, le style d'un héros toujours en mouvement, les incursions faciles dans l'histoire du Grand siècle font du mousquetaire d'Artagnan un sujet apprécié qui continue d'attirer littérateurs et cinéastes. Renonçant à donner un inventaire exhaustif des romans et films consacrés à d'Artagnan depuis la trilogie de Dumas, bornons-nous à signaler que les derniers mois de 1962 ont vu projeter un film intitulé d'Artagnan et un Masque de Fer dans lequel notre héros tient une place abusive, ainsi que deux romans : « d'Artagnan et la véritable Chronique des Trois Mousquetaires » (24) de L. Prébois et « d'Artagnan

---

(24) : Ludovic PRÉBOIS, d'Artagnan et la véritable chronique des Trois Mousquetaires, Paris. Plon, 1962, 1 vol. in-8° cartonné, 248 pages.

amoureux ou cinq ans avant » (25) de Roger Nimier, un jeune écrivain de grand talent, mort récemment au volant de sa voiture de course.

La « véritable chronique » de Ludovic Prébois se réduit à un résumé dialogué de Courtils de Sandras, assaisonné de détails véridiques empruntés soit au livre de M. Samaran, soit à des ouvrages d'histoire concernant la période. Nous regrettons qu'avec un pareil titre la librairie Plon n'ait accompagné cette publication d'aucune note et nous souscrivons entièrement aux termes d'une récente lettre de M. Samaran : « Bref, un roman, que la Bibliothèque Nationale a classé à juste titre parmi les romans (série Y2) mais dont la présentation peut abuser et abusera certainement un public peu averti » (26). Ajoutons que M. Prébois a déjà publié un Cartouche à la librairie Plon.

(25) : Roger NIMIER, *d'Artagnan amoureux ou cinq ans avant,* Paris. Gallimard, 1962, 1 vol. in-8°, 285 pages.
(26) : Archives personnelles, dossier d'Artagnan.

Sans doute entend-il se faire une spécialité du roman historique, genre évidemment plus rémunérateur que la poésie ou l'érudition. Suivant Courtils et non Dumas, l'auteur fixe à Saint-Dyé, près de Blois, la grande querelle du voyage à Paris de notre Gascon et appelle bien son adversaire M. de Rosnai (pp. 1-11) (27).

Comme dans Courtils, c'est Besmaux et non Athos qui est le héros ridicule de l'histoire du baudrier (pp. 26-30). Les amours avec la belle hôtesse, qui ne ressemble guère à Madame Bonacieux, prennent ici une. grande ampleur ; l'auteur fait appel à *Vingt ans après* pour y trouver un Suisse, le capitaine Staatman qui avait fait un moment la conquête de la belle Madeleine, la tenancière de l'Hôtel de la Chevrette rue Tiquetonne (pp. 34-78).

Mais beaucoup plus que Dumas, L. Prébois a cédé à une sensualité facile ;

(27) : Les pages indiquées entre parenthèses au cours du développement relatif au livre de L. Prébois concernent cet ouvrage ; quand il s'agit du livre de M. Samaran, nous avons précisé *d'Artagnan capitaine...*

il insiste lourdement sur les avances de Jacquette qui s'offre sans ambages à un d'Artagnan à peine sorti de l'adolescence et, ensuite, sur les liens physiques qui l'attachent à son jeune amant : « Avec quelle vivacité s'était-elle glissée sous l'édredon (p. 45) Cette arrivée impromptue ramena, en moins d'une seconde, la pauvre Jacquette des hauteurs de la félicité aux abîmes du prosaïsme conjugal. Depuis tant de mois comblée de bonheur, elle en avait presque oublié qu'un mari gardait des droits sur sa personne, et le mari était là glabre et ventru, la bajoue satisfaite (p. 46)... Si tu m'aimais tu n'accepterais pas de partager mes faveurs avec Eugène. Car Eugène a fait valoir ses droits dès le premier soir » (pp. 54-55). (28) C'est encore à Courtils et non à Dumas que L. Prébois s'est adressé pour situer le fameux Athos qu'il fait mourir à une date qui paraît concorder avec la

(28) : Armand Athos d'Autubiele, comme l'appelle le registre de décès de la paroisse Saint-Sulpice, mourut à Paris le 21 décembre 1643 (J. DE JAURGAIN, op. cit., pp. 230-240).

vérité historique (29), tandis que Dumas le faisait vivre assez vieux sous le nom de comte de La Fère.

Il se souvient encore de son modèle pour attribuer la mort d'Athos à une blessure reçue en la compagnie d'Artagnan à la foire Saint Germain et il a sans doute pensé à Milady en faisant intervenir une maîtresse anglaise qui rejoignait chaque nuit Athos blessé et l'« aida à descendre dans la tombe » (pp. 80-82). La riche veuve d'un conseiller au Parlement, Mme Moreau du Roussel, que Mazarin veut lui faire épouser est aussi issue de Courtils. Malheureusement pour notre héros, le fils de celle-ci use de toutes sortes de manœuvres pour faire échec à ce projet et réussit même à la faire enfermer au château de Pierre-Encize, la Bastille lyonnaise ; c'est une vieille femme moribonde, au corps délabré, qui expire

(29) : Cyrano de Bergerac fut même blessé au siège d'Arras (cf. la *Préface*, mise par LEBRET, en tête de *l'Histoire comique des états et empires de la lune et du soleil,* éd. P.-L. Jacob, 1858, p. 14).

peu après l'arrivée de d'Artagnan venu la délivrer (pp. 126-144). L. Prébois s'est aussi souvenu de Courtils pour la prétendue mission anglaise du mousquetaire, sa liaison avec la maîtresse de l'ambassadeur de France à Londres, M. de Bordeaux et son emprisonnement à la Bastille (pp. 159-186).

On peut penser que c'est la lecture du grand livre de M. Samaran qui a amené L. Prébois à préférer le texte de Courtils de Sandras à celui de Dumas et à écarter certaines libertés prises par ce dernier. Mais l'influence de l'ouvrage du directeur honoraire des Archives de France ne s'arrête pas là, car on retrouve dans le roman de L. Prébois beaucoup de précisions et de faits véridiques contenus dans ce volume. Après avoir, à juste titre, fait commencer aux environs de 1640 la vie parisienne de notre héros, il met dans sa bouche (p. 6) une phrase sur sa parenté avec Henri de Montesquiou, gouverneur de Bayonne, qui paraît directement empruntée à M.

Samaran (d'Artagnan, capitaine..., pp. 88, 132, 273). À la page 7 du même livre il a trouvé l'identité d'Aramis, justement appelé Henri d'Aramitz, « abbé laïque d'Aramitz, en la vallée de Barétous, seigneur d'une terre noble, propriétaire de dîmes inféodées et patron d'une cure » (p. 13) et le nom de jeune fille de sa femme, Jeanne de Béarn-Bonnasse qu'il indique à la page 121. Ce que L. Prébois dit à la page 14 des Batz Castelmore et des Batz Castillon, provient également de M. Samaran (d'Artagnan, capitaine..., pp. 30-33). C'est aussi ce dernier qui lui a appris (d'Artagnan, capitaine..., p. 90) la présence simultanée d'Artagnan et de Cyrano de Bergerac au siège d'Arras en 1640 (29) évoquée à la page 31. Il utilise encore M. Samaran (d'Artagnan, capitaine..., p. 20) pour restituer à Porthos un nom très voisin de son nom véritable : Isaac du Portau (p. 121) et une note de l'éminent membre de l'Institut lui permet de le confondre avec un personnage qui s'appelait presque comme lui, Isaac de Portau, contrôleur des guerres et maréchal de l'artillerie de Navarrenx en 1650.

L. Prébois a emprunté à la même source (d'Artagnan, capitaine..., pp. 41, 42, 52, 276-284) les renseignements sur les frères et sœurs d'Artagnan qu'il donne à la page 122. M. Samaran (d'Artagnan, capitaine..., p. 111) lui a aussi fourni la lettre où il est question d'Artagnan, écrite par Mazarin à Basile Fouquet le 27 novembre 1651 et dont il fait état à la page 123. Il en est de même pour ce qu'il écrit à la page 191 sur les mousquetaires à cheval de la garde du roi, mais comme il a lu le texte un peu vite, il met « deux maréchaux-ferrants » au lieu de « deux maréchaux des logis ». Le même ouvrage (d'Artagnan, capitaine..., pp. 145-150) lui a donné les indications relatives à la femme d'Artagnan et à son mariage qu'il donne de la page 193 à la page 197.

Il écrit toutefois son nom de demoiselle Chalencey, alors qu'elle s'appelait en réalité Charlotte de Chanlecy (30).

La description de la dernière demeure d'Artagnan que L. Prébois fait à la page 234 provient aussi de M. Samaran (d'Artagnan, capitaine..., pp. 160-162). Ce large recours à l'important travail de M. Samaran n'a pas empêché L. Prébois de commettre des erreurs historiques ou d'imaginer des épisodes qui ne sont pas directement imputables à Courtils de Sandras. Louis XIII n'était pas le personnage médiocre qu'il dépeint de la page 23 à la page 25. L. Prébois parle en même temps (p. 23) du régiment de M. des Essarts alors qu'il s'agissait en fait d'une compagnie (d'Artagnan, capitaine..., pp. 87-88).

La nuit passée au château de Castelmore à l'occasion du voyage à Saint-Jean-de-Luz, la rencontre avec du Portau (pp. 198-200) sont l'une et

---

(30) : Charlotte Anne de Chanlecy, dame de Sainte-Croix, veuve de messire Jean-Léonor Damas, de son vivant chevalier seigneur de La Clayette, Clessy, etc. en Bourgogne.

l'autre imaginaires et l'auteur montre, en même temps, qu'il ignore la distinction fondamentale en Gascogne entre biens nobles exempts et biens roturiers sujets à la taille quels qu'en soient les possesseurs (31).

Les circonstances dans lesquelles l'ordre d'arrêter Fouquet lui aurait été communiqué sont aussi purement imaginaires (pp. 212-214). Ce fut Louis XIV qui le lui donna en personne de vive voix et par écrit, tandis que le secrétaire d'État Le Tellier lui remettait les instructions complémentaires (d'Artagnan, capitaine..., pp. 173-174). Plus loin, on trouve une sorte de transposition ; Charlotte de Chanlecy aurait, selon les pseudo Mémoires, rompu à cause d'une dame qui aidait son mari à soutenir l'éclat de sa compagnie (Mémoires, III, pp. 402-416).

(31) : cf. M. BORDES, *D'Étigny et l'administration de l'intendance d'Auch* (1751-1767), Thèse, Paris 1956, Auch 1957, I, pp. 383-384.

Dans le livre de L. Prébois, Mme d'Artagnan n'est plus en cause mais la marquise de Vitreville permet à notre héros de contribuer à l'équipement des mousquetaires peu fortunés.

C'est le dernier amour d'Artagnan, un amour platonique, car la marquise est trop fière et trop vertueuse pour accepter une liaison. L'âge aidant, le fringant mousquetaire s'en accommode et c'est en apprenant la mort de la marquise que, le soir du 24 juin 1673, il se fait porter volontaire pour l'action périlleuse dont il ne devait pas revenir (pp. 228-247). On voit par ces lignes que L. Prébois est capable de s'évader de Courtils et de M. Samaran et de donner à son livre une fin personnelle et romanesque. Ajoutons que, contrairement aux allégations de l'auteur, Turenne ne commandait pas à Maastricht ; Vauban était chargé des travaux du siège tandis que Louis XIV avait décidé d'assister en personne aux opérations et de les diriger au besoin.

Avec des forces peu nombreuses, Turenne surveillait les vallées du Rhin et de la Moselle à l'est de Maëstricht (32).

L. Prébois s'est certes rapproché de l'histoire en suivant Courtils plutôt que Dumas et en faisant des emprunts au livre de M. Samaran. Son d'Artagnan n'en est pas moins un roman... avec des prolongements nouveaux, en particulier pour la mort du capitaine des mousquetaires. Ajoutons que, plus que ses prédécesseurs, L. Prébois en fait surtout un amateur de beautés un peu mûres pour ne pas dire plus.

Cette tendance, la facilité avec laquelle notre mousquetaire recherche ou accepte les secours de protectrices dont la jeunesse n'est plus qu'un lointain souvenir ne contribuent pas à accroître la gloire et le panache de celui qui passe pour le héros de sa province et l'incarnation du type gascon.

(32) : cf. E. LAVISSE, Histoire de France, tome VII, 2ᵉ partie, pp. 317-318.

S'il a pris plus de libertés avec la réalité historique, Roger Nimier n'en a pas moins campé un héros beaucoup plus attachant et son livre pétillant d'esprit, marqué au coin du meilleur humour force la sympathie du lecteur. Nous retrouvons certes ici quelques éléments empruntés à l'œuvre de Dumas : la chronologie, les trois mousquetaires : Athos, Porthos et Aramis, Planchet, le souvenir de Milady, et de Madame Bonacieux, Madeleine, la belle hôtesse de la rue Tiquetonne ; mais l'auteur n'en a pas fait vraiment un modèle et ne s'est soucié ni de Courtils de Sandras ni de M. Samaran. L'histoire et le roman lui ont surtout fourni un héros plein de bravoure, d'ingéniosité et de générosité qu'il a promené dans un monde de convention en se moquant aimablement de beaucoup d'attitudes et de maints personnages. La parodie est fréquente, habile et susceptible d'échapper au lecteur peu averti.

Le début de l'ouvrage se situe en 1642 (33) alors que Louis XIII et Richelieu sont à la fin, l'un de son règne, et l'autre de son ministère.

Richelieu envoie d'Artagnan à Rome pour une mission secrète et celui-ci s'y rend par mer en compagnie du fidèle Planchet. Au large de Toulon, notre héros accomplit un exploit inattendu. Dans une sorte de combat singulier - à un contre vingt - il sauve les occupants d'une petite embarcation menacés par une felouque remplie de pirates barbaresques. Quelques heures plus tard, d'Artagnan et les passagers de la petite embarcation ayant mis pied à terre pour se reposer, le mousquetaire aperçoit les deux jeunes filles du bateau prenant un bain de soleil en fort simple appareil...

(33) : Comme l'indique le sous-titre, l'action, qui se déroule en 1642-1643, se situe bien cinq ans avant *Vingt ans après* ; la chronologie de Dumas est respectée.

Ce spectacle n'était pas commun au XVIIe siècle et d'Artagnan dut le payer de trois duels ; l'un sur place et deux autres à Rome avec le guide et cousin de ces jeunes personnes. Ce cousin était le malicieux Bussy-Rabutin (34), à peine sorti de la Bastille et que son père envoyait à Rome pour le faire oublier ; il voyageait en compagnie de sa cousine Marie de Rabutin-Chantal (la future Sévigné) et de l'amie de celle-ci, Julie de Colineau du Val. À Rome, d'Artagnan prend contact avec le diplomate qui doit lui permettre d'accomplir sa mission, M. Pélisson de Pélissart, inventeur « d'une machine volante qui d'ailleurs ne vole pas, mais qui volera » (p. 71) (35).

(34) : Roger de Bussy-Rabutin (1618-1693) a laissé une Histoire amoureuse des Gaules pleine de spirituelles médisances ainsi que des Mémoires et une Correspondance intéressante. Il fut longtemps exilé de la cour de Louis XIV et vécut au château de Bussy-le-Grand (Côte-d'Or).
(35) : Les pages indiquées entre parenthèses au cours du développement relatif au livre de R. Nimier concernent cet ouvrage.

Le pape Urbain VIII lui confie un traité de paix perpétuelle déjà signé par l'Empereur, le roi d'Espagne et le roi d'Angleterre ; il doit le porter en France pour le remettre à Richelieu et le faire signer par Louis XIII après quoi la paix perpétuelle sera proclamée pour trois siècles.

Le traité comprend 17 200 clauses différentes, car il a fallu tout prévoir : « l'assomption ou l'écroulement des dynasties ; l'invention d'hérésies nouvelles ; le surgissement des puissances jeunes dont il faudra satisfaire la première fringale ; le comblement de certaines mers comme la Manche, ce qui ferait d'excellentes prairies ; le vol d'engins plus lourds que celui de notre bien-aimé Pélisson et pouvant emporter quatre personnes, un vieillard, un homme, une femme, un enfant, dans la lune... » (p. 88).

D'Artagnan ne néglige pas ses affaires de cœur. Il vit dans la société de Bussy-Rabutin et des deux jeunes filles tout en expédiant les duels qui lui restent à soutenir pour que soit définitivement vengé l'honneur de celles-ci. Urbain VIII est certes un « bien grand prélat » mais c'est « une bien vive et fraîche personne que Marie de Rabutin-Chantal, fleur tout entière, épines, moqueries, corolles et la rosée sur les joues » (p. 92). D'Artagnan s'était sorti sans mal des deux premiers duels, mais il est la victime du troisième et Marie lui tient la main pendant l'opération, « tout en tournant les yeux par décence » - il s'agissait d'une fracture du fémur à la hauteur de la hanche - et « les deux mains se parlèrent beaucoup pendant cette nuit-là » (p. 103). Marie se fait ensuite garde-malade et, quand Bussy-Rabutin et les deux jeunes filles doivent regagner la France, « il y a des cendres chaudes dans les adieux, des promesses dans les regards, le goût salé des petites larmes sur les joues » (p. 104). C'est la séparation, mais on échange des lettres ; de Florence, Marie envoie ces lignes : « Partout ici des peintures de Vierges. Vous connaissez mieux les places fortifiées que les jeunes filles fortes. Pourtant ici vous auriez bon cœur et vous baisseriez l'épée » (p. 105). Mais d'Artagnan est tiré de ses méditations amoureuses et M. Pélisson de Pélissart du souvenir de ses multiples conquêtes par le vol du précieux traité que La Fon, le domestique de M. Pélisson de Pélissart, a dérobé pour en retirer un bon prix ou une belle récompense. Notre héros et M. Pélisson de Pélissart partent à leur tour pour Paris où ils arrivent après la mort de Richelieu. Tous deux s'installent chez la belle Madeleine, la gracieuse hôtesse de l'Hôtel de la Chevrette rue Tiquetonne. Cul-de-jatte à la suite de l'explosion de sa fameuse machine, M. Pélisson de Pélissart est fait maréchal de France et s'efforce de récupérer le précieux document tandis que d'Artagnan se préoccupe surtout de Marie.

En compagnie du grammairien Ménage, celle-ci régente un cénacle de précieuses (36) et d'Artagnan est désemparé par cette jeune fille moqueuse qui l'encourage et l'écarte à la fois : « d'Artagnan, vous m'aimez beaucoup, je ne suis point aveugle... ». « Votre défaut c'est que vous n'osiez me contredire, c'est que vous me parliez d'amour, si vous m'en parliez avec tant de déférences. Enfin que suis-je ? Je suis Marie de Rabutin-Chantal, j'ai seize ans, dix-sept ans, des cheveux blonds ou roux, je suis sur la terre ou sur l'eau, mais je ne suis pas au Ciel, d'Artagnan. Il ne faut pas me prendre pour un ange et encore moins pour une grande personne. Je ne compte pas. Mademoiselle, puisque vous voulez bien penser que je vous aime et puisque cette idée vous déplaît, je ferai en sorte qu'elle ne vous importune plus.

(36) : Le coadjuteur Paul de Gondi, le futur cardinal de Retz, le fréquentait : « Paul de Gondi se retira, saluant comme distraitement de gauche à droite, mais ne perdant rien de ce qu'il devait voir ou savoir, et recueillant sur son passage ce murmure d'admiration qui n'était alors que brise légère et qui s'enflerait en tempête cinq ans plus tard » (R. NIMIEN, d'Artagnan amoureux, p. 157). Les derniers mots font, bien entendu, allusion à la Fronde.

- Il faut m'aimer ! Je le veux d'Artagnan. Mais il faut m'aimer comme je le mérite, c'est-à-dire bien peu. Regardez-vous, regardez qui je suis. Réveillez-vous. Un guerrier de votre espèce et une petite fille de ma sorte » (pp. 159-160). Quelques heures plus tard, on remet pourtant à d'Artagnan un billet signé Marie et, dans un carrosse, les yeux bandés il est vrai, il reçoit d'ardents baisers. Le lendemain, au grand jour, notre mousquetaire enhardi et émoustillé prend des libertés dans le cabinet de travail abandonné par le grammairien. La jeune fille se débat difficilement quand son cousin Bussy-Rabutin survient à point pour la délivrer et exiger un nouveau duel. Perplexe, d'Artagnan regrette amèrement ce qu'il prend pour une erreur de tactique, quand un nouveau billet, non équivoque, l'appelle à « huit heures », pour « toute la nuit » (p. 181). De fait, sans masque, mais dans le noir c'est une véritable furie qui provoque et entraîne le mousquetaire des heures durant et celui-ci répète le nom aimé de Marie quand le petit jour lui apprend qu'il s'agit en fait de Julie de Colineau du Val. Furieux, il part en emportant la chemise de nuit de la belle et le père entame devant le Parlement un interminable procès « en recouvrance de chemise de nuit », dont on rit beaucoup, jusqu'à la chambre des Enquêtes. Bussy-Rabutin mis au courant, renonce au duel mais Marie ne reverra pas notre héros : « J'ai compris ce qu'il y eut d'injuste dans ma conduite et ce qu'il y eut de fou dans la vôtre. Que vous m'ayez confondue avec celle qui vous fixait ces rendez-vous, que vous n'ayez pas reconnu ma voix, ni mes gestes ; que vous m'ayez encore aimée après ce que vous aviez supposé, cette idée me désespère. Elle fait plus, elle m'éloigne de vous à jamais. Je ne vous oublierai pas comme je vous l'ai crié dans la colère. Mais je ne vous reverrai pas. Je vous le jure, d'Artagnan » (pp. 204-205). Le 28 mai 1644, Marie de Rabutin-Chantal épouse Henri de

Sévigné, gentilhomme breton et parent de Paul de Gondi. D'Artagnan est long à se remettre, mais la bataille de Rocroi, la rencontre de ses amis de jeunesse et surtout la belle Madeleine, finalement abandonnée par son mari, le réconcilient avec la vie.

Quant au traité, il passe après l'amour. D'Artagnan et Pélisson se sont finalement rendu compte qu'il se trouvait dans les hardes du maréchal et que le valet avait emporté, en fait, les lettres de Marie. Mais, en compagnie du mari de la belle hôtesse, La Fon le vole à nouveau, et pour de bon cette fois, avec tous les papiers de Pélisson (37). L'ancien valet emporte le tout chez un margrave du Palatinat et Pélisson médite toute une série de guerres pour récupérer les fameux documents.

(37) : Le maréchal n'est pas content, d'autre part, de son nouveau secrétaire, Blaise Pascal : « C'est un calculateur intrépide et je comptais sur lui... Malheureusement... Paris la prit à la gorge... Il s'est lancé dans les mondanités... Il parle aux dames... Il donne des conseils aux joueurs car le monstre est imbattable pour les calculs de hasard » (R. NIMIER, d'Artagnan amoureux, p. 220).

« La Fon quitte toutefois son margraviat pour la Russie. C'est là que les écrits scientifiques du maréchal de Pélissart sont déchiffrés et compris. Lentement, car ce serait bien mal connaître une âme aussi grande que de réduire son imagination à de simples vols dans l'espace. Accouplements de planètes, fusions d'océans, créations de matière étaient les moindres de ses projets.

C'est là aussi que le Traité de paix, revêtu de la signature éternelle d'Urbain VIII semble toujours reposer. Comme les Russies sont froides, il est probable qu'il n'en est que meilleur sous la glace » (p. 280). Cette analyse du livre ne donne qu'une faible idée de l'esprit et de l'humour qui le rendent si plaisant. Comme elles sont bien venues ces lignes sur la rencontre de Richelieu et de Louis XIII au château de Tarascon le 28 juin 1642, tandis que les complices de Cinq-Mars gémissent dans les sous-sols de la forteresse : « Vieux couple qui chamaillait depuis longtemps, vieux cavalier timide de quarante et un ans, vieux favori de cinquante-sept ans qui sortait du chemin boueux pour placer la France sur la route pavée » (p. 17). Sur un autre plan, relevons que le bain de soleil de Marie et de Julie se situe dans un bois de roseaux près de Saint-Tropez (pp. 44.50) ; or La Madrague, la propriété de Brigitte Bardot possède aussi un bois de roseaux. C'est encore aux nudités de Saint-Tropez que pense l'auteur quand un certain nombril devient pièce d'identité décisive (pp. 181-185). Si la satire du roman d'aventures est constante dans les précautions qui entourent la mission secrète confiée à d'Artagnan, la parodie de Dumas est parfois particulièrement brillante. Témoins ces passages : « M. Pélisson était grivois. La Fon était obscène. M. Pélisson croyait en Dieu. La Fon tutoyait Dieu et l'envoyait faire ses courses. M. Pélisson chantonnait les airs à la mode. La Fon entonnait les refrains populaires. M. Pélisson inventait des machines volantes. La Fon volait. M. Pélisson suçait une truffe blanche à son réveil. La Fon en avait mandé toute la nuit » (p. 79). « M. Pélisson était non seulement brave mais hardi… La Fon était téméraire. La voix de M. Pélisson semblait descendre des montagnes. Celle de La Fon faisait s'écrouler les montagnes. Quand M. Pélisson délivrait un coup d'épée, celui-ci était franc et gracieux. Lorsque La Fon donnait un coup de dague, la blessure semblait faite par les griffes du diable » (pp. 134-135). Comme elle est amusante d'autre part, cette satire du séducteur patenté fier de son carnet de chasse : « M. Pélisson de Pélissart aurait été du meilleur conseil, si notre mousquetaire l'avait consulté. Son livre de bord indiquait quatorze duchesses dont une véridique, la dame de compagnie d'une princesse, un cent de baronnes, une marquise napolitaine, deux banquières hanséatiques, six passementières, quatre-vingts filles de cuisine, une seule bergère par respect pour son aïeule, mais cent quarante et une gardeuses d'oies par goût du foie gras et onze romancières, dont Me de Scudéry » (p. 115). Ailleurs encore : « M. Pélisson porta la main dans sa poche, en sortit un flacon dont il versa le contenu dans les deux bouteilles destinées à Roger de Bussy-Rabutin. C'était un puissant narcotique dont M. Pélisson se servait auprès des dames, pour modérer leurs ardeurs à son endroit » (p. 80).

Terminons avec une phrase qui paraît bien convenir à la future Sévigné : « Marie considéra d'Artagnan avec cette frivolité grave qu'elle mettait en toute chose » (p. 158).

∴

Garde française, mousquetaire, gentilhomme de Mazarin, sous-lieutenant puis capitaine de la première compagnie de mousquetaires, chargé de porter des ordres importants aux chefs militaires pendant la guerre de Trente ans et d'assurer des liaisons délicates au cours de la Fronde, investi de lourdes missions de haute police tant pour l'arrestation et la garde de Fouquet que pour conduire Lauzun à Pignerol, Charles de Batz-Castelmore, dit d'Artagnan, a eu un destin qui ne manque pas de relief. On peut, d'ailleurs, penser que sa carrière et son rôle ont contribué à amener Courtils de Sandras à publier ses pseudo Mémoires. L'essentiel de sa vie est maintenant connu grâce aux livres de J. de Jaurgain et surtout de M. Samaran. Le récent article que celui-ci a donné au Bulletin de la Société Archéologique du Gers précise heureusement les conditions et les circonstances de son décès à Maastricht le 25 juin 1673 (38).

Regrettons toutefois que d'autres érudits n'aient pas été tentés par tel ou tel point de l'existence de notre héros et que la recherche historique progresse si

(38) : Ne négligeons pas, sur les ancêtres, parents et enfants d'Artagnan, l'excellent article de notre ancien vice-président, A. LAVERGNE, Batz Castelmore, dans B.S.A.G., XII année, 1911, pp. 101-118.

lentement à son sujet. En revanche, le mythe issu de l'ouvrage de Courtils paraît en plein développement.

Si le rationaliste XVIIIe siècle n'y a guère fait écho après le succès qui suivit la parution des faux Mémoires de M. d'Artagnan, les romantiques s'en sont emparés avec empressement et la trilogie de Dumas a fait du célèbre mousquetaire une sorte de héros national. L'intérêt ne s'est pas démenti par la suite.

On a réédité et on réédite encore les trois livres de Dumas tandis que d'autres préfèrent donner des adaptations du texte de Courtils.

Ainsi, peu à peu, un mythe s'est créé ; d'Artagnan c'est le mousquetaire valeureux toujours prompt à dégainer, très sourcilleux sur le point d'honneur, d'une bravoure, d'une fidélité et d'une générosité exemplaires ; capable de tous les exploits, il doit triompher de toutes les embûches. Passant pour l'incarnation du type gascon, d'Artagnan est devenu une sorte de héros de Western français et les deux romans parus à la fin de 1962 ne vont pas à l'encontre des éléments essentiels de ce mythe. Ils y ajoutent, il est vrai, quelques aspects nouveaux : le d'Artagnan de L. Prébois, porté vers les beautés mûres susceptibles de l'aider financièrement, recherche la mort au siège de Maastricht en apprenant le décès de sa dernière protectrice. Avec un humour aimable et léger, R. Nimier amène notre mousquetaire à Rome, le rend amoureux de la future Sévigné, l'introduit dans des cénacles de précieuses. Le personnage n'en est que plus sympathique mais on peut penser que les inventions ne s'arrêteront pas là et que le mythe connaîtra de nouveaux développements.

DU MÊME AUTEUR (EN 1963)

OUVRAGES

La vie communale à Lectoure au temps de d'Étigny, 1751-1767, Auch, Cocharaux, 1952, 1 vol. in-8°.

D'Étigny et l'administration de l'intendance d'Auch (1751-1767), thèse Lettres, Paris, 1956. Auch, Cocharaux, 1957, 2 volumes in-8° avec une pagination unique de 1 034 pages (pochette de 7 cartes, plans, etc., jointe).

Contribution à l'étude de l'enseignement et de la vie intellectuelle dans les pays de l'intendance d'Auch au XVIIIe siècle, Auch, Cocharaux, 1958, 1 vol. in-8°.

ARTICLES PARUS DANS DES PUBLICATIONS DIVERSES

Le subdélégué général Jean de Sallenave (1710-1781) et les origines du fonctionnarisme moderne dans la généralité d'Auch, dans les Annales du Midi, Toulouse, 1950.

Une grande circonscription administrative sous l'Ancien régime : L'Intendance d'Auch au XVIIIe siècle, dans Académie de Toulouse, Bulletin régional d'informations universitaires, février 1951.

Les anciennes céréales et les origines de la culture du maïs en Gascogne, dans Association pour l'histoire de la civilisation, Toulouse, 1951-1952 et 1952-1953.

Les frères Duclos et la tannerie royale de Lectoure au XVIIIe siècle, dans le Bulletin du Comité des travaux historiques (histoire moderne depuis 1715), 1954.

Les principaux aspects de la vie littéraire et artistique dans les pays de l'intendance d'Auch de 1750 à 1770, dans les Actes du 82e Congrès national des Sociétés Savantes, Bordeaux, 1957.

Contribution à l'étude de la presse dans le département du Gers sous la IIIe République, dans Douzième Congrès d'études de la Fédération des Sociétés Académiques et Savantes, Languedoc-Pyrénées-Gascogne, Toulouse, 21 au 23 avril 1956.

La presse gersoise et le Ralliement, dans Quatorzième Congrès d'études de la Fédération des Sociétés Académiques et Savantes Languedoc-Pyrénées-Gascogne, Rodez, juin 1958.

Un préfet de combat sous la IIIe République : Léonce Boudet (1887-1894), dans Gascogne Gersoise (Actes des XIIe et XVe Congrès d'études régionales de la Fédération Historique du Sud-Ouest et de la Fédération des Sociétés Académiques et Savantes

Languedoc-Pyrénées-Gascogne tenus à Lectoure, les 1er 2 et 3 mai 1959).

Les intendants de Louis XV, dans la Revue Historique, Paris 1960, 1re livraison. En Gascogne avec l'intendant d'Étigny, dans le Bulletin de la Société de Géographie de Toulouse, 1959-1960.

La Basse Navarre, dans l'Information Historique, Paris, 1960, re livraison. L'évolution politique du Gers sous la IIIe République, dans l'Information Historique, Paris, 1961, 1re livraison.

Les intendants éclairés de la fin de l'Ancien Régime dans la Revue d'Histoire économique et sociale, Paris, 1961, 1re livraison.

Chronique de Gascogne, dans les Annales du Midi, Toulouse, 1961, 3e livraison.

Une grande circonscription administrative du XVIII siècle : l'intendance d'Auch, dans l'Information Historique, Paris 1962, 1re livraison.

Un intendant éclairé de la fin de l'Ancien régime : Claude-François Bertrand de Bouchepom, dans les Annales du Midi, Toulouse. 1962, 2e livraison.

La réforme municipale de 1764-1765 et son application dans l'intendance d'Auch, dans les Annales du Midi, Toulouse, 1963, 1re livraison.

ARTICLES PARUS DANS LE BULLETIN DE LA SOCIÉTÉ ARCHÉOLOGIQUE DU GERS

Aspects de la vie religieuse à la fin du XVIe siècle, XLVe année, 1944.

Une cité démocratique au Moyen-Âge : Lectoure, XLVIe année, 1945.

Une carmélite dans la querelle janséniste au XVIII siècle, XLVIe année, 1945.

Contribution à l'histoire des protestants de Mauvezin au XVIIIe siècle, XLVIIIe année, 1947.

À propos de l'élevage des bêtes à laine en Gascogne au XVIIIe siècle, XLVIIIe année, 1947.

D'Étigny et la crise municipale de Nogaro au milieu du XVIIIe siècle, XLVIIIe année, 1947.

D'Étigny et les jeux de hasard, XLVIIIe année, 1947.

Les incendies de forêts dans les Landes au XVIIIe siècle, XLIXe année, 1948.

Les obsèques de l'intendant de Pomereu, XLIXe année, 1948.

La fortune d'un grand bourgeois d'Auch au XVIIIe siècle, Jean-Baptiste Joseph Daignan (1684-1760), XLIXe année, 1948.

Une révolte paysanne en Gascogne au milieu du XVII siècle, XLIXe année, 1948.

Un curieux cas d'ascension sociale à Auch au début du XVIIe siècle, Le année, 1949.

La défense paragrêle à Auch en 1764, LIe année, 1950.

La vie d'un jeune Auscitain employé à Paris, à la fin du Premier empire, LIVe année, 1953.

Quelques aspects du réveil catholique à Auch, après le concordat de 1801, LV année, 1954.

Contribution à l'étude du thermalisme en Gascogne au XVIIIe siècle, LVIIe année, 1956.

La Gascogne Gersoise et la recherche scientifique, LXIIe année, 1961.

L'intendant d'Étigny aux origines du département du Gers, LXIIIe année, 1962.

EN COLLABORATION AVEC L. ASTUGUEVIEILLE

Les progrès de l'urbanisme à Auch sous le Second Empire, Le année, 1949.

À PARAÎTRE PROCHAINEMENT

Les institutions municipales d'Auch au XVIIIe siècle, dans le Bulletin de la Société Archéologique du Gers, LXIVe année, 1963, 4° livraison.

D'Artagnan héros du roman et de l'histoire, dans les Mémoires de l'Académie des Sciences,

Inscriptions et Belles-Lettres de Toulouse, 1964.

Deux villes gasconnes : Auch et Lectoure au XVIIIe siècle, dans les Annales du Midi.

EN PRÉPARATION

La réforme municipale du Contrôleur général Laverdy et son application dans l'ensemble du royaume (ouvrage).

∴

BIBLIOGRAPHIE COMPLÈTE

(Société archéologique, historique, littéraire et scientifique du Gers)

Maurice BORDES (Maurice) • Aspects de la vie religieuse à Lectoure à la fin du XVe siècle : les confréries, 1944, p. 90 • Une cité démocratique au Moyen Âge : Lectoure, 1945, p. 7 • Une carmélite dans la querelle janséniste au XVIII siècle, 1945, p. 203 • À propos de l'élevage des bêtes à laine en Gascogne au XVIII siècle, 1947, p. 26 • D'Étigny et la crise municipale de Nogaro au milieu du XVIIIe siècle, 1947, p. 82 • Une mère qui voulait marier son fils ; 1947, p. 117 • D'Étigny et les jeux de hasard, 1947 ; p. 233 • Contribution à l'histoire des protestants de

Mauvezin au XVIIIe siècle, 1947, p. 268 • Une révolte paysanne en Gascogne au milieu du XVIII* siècle, 1948, p. 34 • Les obsèques de l'intendant de Pomereu, 1948, p. 108 • Les incendies de forêts dans les Landes au XVIII siècle, 1948, p. 145 • La fortune d'un grand bourgeois d'Auch au XVIIIe siècle : Jean-Baptiste Joseph Daignan (1684-1760), 1948, p. 244 • Un curé pittoresque à la fin du XVII siècle, 1949, p. 48 • L'éclairage des rues d'Auch, 1949, p. 147 • Un curieux cas d'ascension sociale à Auch au début du XVIIe siècle, 1949, p. 272 • La veuve et le prétendant, 1950, p. 173 • La défense paragrêle à Auch, au milieu du XVIIIe siècle, 1950, p. 230 • La vie communale à Lectoure au temps de d'Étigny, 1951, p. 144, p. 260, 1952, p. 58 • La vie d'un jeune auscitain employé à Paris, 1953, p. 283 • Quelques aspects du réveil catholique à Auch après le Concordat de 1801, 1954, p. 148 • La cathédrale d'Auch selon Expilly, 1956, p. 368 • Contribution à l'étude du thermalisme en Gascogne, au XVIIIe siècle, 1956, p. 235 • Contribution à l'étude de l'enseignement et de la vie intellectuelle dans les pays de l'intendance d'Auch au XVIII siècle, 1957, p. 419, 1958, p. 53, p. 248, p. 456 • Un préfet de combat dans le Gers, sous la IIIe République, 1959, p. [373] • La Gascogne gersoise et la recherche scientifique,

1961, p. 497 • L'intendant d'Étigny aux origines du département du Gers, 1962, p. 209 • D'Artagnan : l'histoire et le mythe, 1963, p. 225 • Les institutions municipales d'Auch au XVIIe siècle, 1963, p. 459 • La gazette de Marie Poiret, militante républicaine des années 1880, 1965, p. 431 • Restrictions à la vaine pâture à Lectoure au milieu du XVIIIe siècle 1967, p. 290 • Lettres de commission de l'intendant Leclerc de Lesseville 1969, p. 68 • Routes de la généralité à la fin de l'Ancien Régime 1969, p. 510 • La ville de Lectoure, Pays d'États et l'Assemblée provinciale d'Auch, 1971, p. 533 • La lutte contre les épidémies dans la Généralité d'Auch à la fin de l'Ancien Régime, 1972, p. 400 • L'Intendant d'Étigny et les Pyrénées, 1974, p. 227 • La arrière de Paul Féart, préfet du Gers de 1852 : 1858, 1974, p. 430 • Note sur l'entrée solennelle des évêques de Lectoure, 1975, p. 52 Du nouveau sur les Doctrinaires et le collège de Lectoure au XVIII[*] siècle, 1975, p. 418 Institutions et vie communales dans les campagnes méridionales aux XVII-XVIIIe siècles, 1976, p. 248 • Un intellectuel parisien de la le république originaire de Lectoure : Ernest Dupuy (1849-1918), 1976, p. 332 • À propos de soeur Thérèse de la Croix, Gérarde Rosset, prieure du carmel de Lectoure en 1730, 1976, p. 389 • Note sur les dégrèvements de capitation dans l'élection de

Rivière-Verdun à la fin de l'Ancien Régime, 1977, p. 496 • L'application de la réforme municipale de 1787 dans l'élection de Rivière-Verdun, 1978, p : 145 • Le docteur de Sardac (1863-1946). Les origines, le Président de la Société Archéologique du Gers, * 1979, p. 13 • La boutique d'un marchand de Panjas en 1771, 1979, p. 323 • Les principaux aspects de l'épiscopat de M. de Montillet, archevêque d'Auch de 1742 à 1776, 1980 p. 15 • Note sur deux régents de Saint-Lys à la fin de l'Ancien Régime, 1980 p. 317 • Contribution à l'étude des chirurgiens de Gascogne au XVIIIe siècle, 1981, p. 329 • Sur Mgr d'Anterroches, dernier évêque de Condom, 1982, p. 101 • L'électrification du département du Gers, 1982, p. 250 • Les débuts des manufactures en Gascogne au XVIII siècle, le rôle du grand commerce, 1982, p. 400 • Un petit-fils de d'Artagnan aux États de Bourgogne, 1983, p. 145 • Quelques précisions sur le fils de l'Intendant d'Étigny, 1983, p. 204 • La politique fiscale du Conseil Général du Gers pendant l'entre-deux-guerres (1919-1939), 1983, p. 307 • L'administration municipale de Condom vers le milieu du XVIII siècle, 1984 p. 221 • Sur Jean Belmont, maire et lieutenant de maire de Lectoure au cours de la deuxième moitié du XVIIIe siècle, 1984 p. 486 • La succession Lapeyrère et l'orphelinat de la Hourre (1924-1950), 1985, p. 13 •

L'électrification du Lectourois, 1985, p. 191 •
Aspects de l'année 1936 dans le Gers, 1985,
p. 293 • La construction et les débuts du
théâtre municipal de Lectoure, 1985, p. 414 •
La conquête républicaine du département du
Gers, le tournant de 1891-1893, 1986, p. 71 ;
1986, p. 184 • Les subdélégués des intendants
en Gascogne au XVIII siècle, 1986, p. 271 •
Une opinion sur l'histoire de la Gascogne du
chanoine Monlezun, 1988, p. 349 • L'abbé
Ducruc, républicain "avancé", 1990 p. 153 •
Le diocèse d'Auch de 1823 à 1870, 1990,
p. 331 • Une personnalité gersoise de la 2e
moitié du XIX siècle : Félix d'Abbadie de
Barrau, 1990, p. 456 • Les débuts de la
tolérance en Gascogne au XVIII siècle, 1990,
p. 501 • Les origines et les premières
décennies de la Société Archéologique
Historique du Gers, 1991, p. 253 • Les
principaux évêques de Lectoure, 1991, p. 472
• Le diocèse d'Auch sous la IIIe République :
l'épiscopat de Pierre Henri Gérault de
Langalerie (1871-1886), 1987, p. 13, p. 245 ;
Les épiscopats de Louis Gouzot (1887-1895)
et de Mathieu-Victor Balain (1896-1905),
1988, p. 13, p. 274 ; 1989, p. 92 ; de la
séparation à la guerre (1905-1914), 1989,
p. 209, p. 320 • De Saint-Gaudens à Luchon,
bourgeoisie et petites gens vers 1880, 1989,
p. 401 • L'Église du diocèse d'Auch et la
IIIe République (1870-1914), 1992, p. 102 •

Les lettres de grâce ou de rémission au XVIIe siècle en Gascogne, 1992, p. 281 • Claude Boucher, intendant de Guyenne (1720-1743), 1992, p. 456 • Le Grand Marais de Gabarret et Barbotan, 1993, p. 129 • Les missions paroissiales en Gascogne au XVIIe siècle, 1993, p. 193 • Les difficultés, la disgrâce et la mort de l'intendant d'Étigny, 1993, p. 402 • Le diocèse d'Auch de 1914 à 1940, 1994, p. 357, 1995, p. 72, p. 223 • Figures d'Église dans le diocèse d'Auch sous la IIIe République, 1995, p. 334 ; 1996, p. 82, p. 187 • La vision de la campagne chez François de Belleforest selon Hugues Neveux, 1995, p. 440 • Du nouveau sur Monseigneur Moussaron (1877-1956), 1996, p. 256 • Le diocèse d'Auch sous l'épiscopat de Mgr Béguin, 1997, p. 108 • Monseigneur Audrain et le diocèse d'Auch (1955-1968), 1997, p. 236 • Solidarité et combats des communautés rurales de Gascogne au XVIIIe siècle, 1997, p. 279 • Jean-Marie Pandellé (1904- 1967), le dernier missionnaire diocésain, 1998, p. 107 • Aspects de la Gascogne au XVIIe siècle, 1998, p. 159, p. 285 • À propos d'Alphonse Dupront, 1998, p. 279 • Figures d'Église dans le diocèse d'Auch au XXe siècle, 1999, p. 189 • De la déchristianisation révolutionnaire aux premières décennies de l'Église concordataire (1790-1840), 1999, p. 358

BORDES (Maurice) et ASTUGUEVIEILLE (Louis) • Les progrès de l'urbanisme à Auch sous le Second Empire, 1949, p. 178.

∴

Merci à Georges Courtès.

Pensées familiales pour Christian Bordes et nos familles.

Maurice Bordes et Fernande Bordes (1963)

Merci à Pierre Léoutre.

31 avenue Saint-Rémy
57600 Forbach
France

© 2023 Maurice Bordes
Édition : BoD - Books on Demand, info@bod.fr
Impression : BoD - Books on Demand, In de
Tarpen 42, Norderstedt (Allemagne)
Impression à la demande

N° ISBN : 978-2-3224-8467-6

Dépôt légal : septembre 2023

www. bod.fr

Texte initialement publié en 1963
(Imprimerie Cocharaux à Auch, Gers)

Avec nos remerciements à Marjorie Lahierle,
la nouvelle archiviste de la ville de Lectoure

avec le soutien de l'association Le 122
Maison des écrivains
15, rue Jules de Sardac
32700 Lectoure